Jandiro Adriano Koch

BABÁ

Esse depravado negro que amou

Porto Alegre, 2019

Poche
Libretos

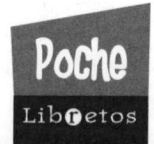

© 2019, Jandiro Adriano Koch

Direitos da edição reservados à Libretos.
Permitida reprodução somente se referida a fonte.

Edição e design
Clô Barcellos

Ilustração de capa
Luís Gustavo Weiler

Revisão
Célio Klein

Esta obra segue o Acordo Ortográfico da Língua Portuguesa de 1990

Dados Internacionais de Catalogação na Publicação:
Bibliotecária Daiane Schramm - CRB-10/1881

K76b   Koch, Jandiro Adriano
            Babá - Esse depravado negro que amou. / Jandiro Adriano Koch. - Porto Alegre: Libretos, 2019.
            60p.: 12x17cm - (Libretos Poche; v.7)
            ISBN 978-85-5549-053-8
            1. História. 2. Gênero. 3. Homossexualidade. 4. Cultura urbana. 5. Biografia. I. Título. II. Série.

                                                     CDD 981.65

Libretos
Rua Peri Machado, 222 B, 707
Porto Alegre (RS)

www.libretos.com.br
libretos@libretos.com.br

O MEIO

SUMMARIO

O 2 de Dezembro— *Vergastas*— Babá— *Lucinda*— A questão religiosa.

*

A data napoleonica de 2 de dezembro vai ser tambem a data bragantina.

Lá, na França, ella assignala-se nos kalendarios com a victoria de Austerlitz que firmou a supremacia de um despota á custa da viuvez e da orphandade de um povo, e assignala-se tambem com o golpe de estado de Luiz Bonaparte que, iniciando o segundo imperio, inaugurou para a nação-heróe o triste periodo dessas vergonhas que deviam arrastal-a ao doloroso epilogo de Sedan. E', emfim, a data por excellencia dos egoismos napoleonicos. E, quando ella passa na successão intermina dos dias, a grande alma franceza, chora o seu passado, rememora os seus martyres e medita receiosa na historia desses homens que vivem a sacrificar os povos para garantir as prerogativas pessoaes de mando e poderio.

Aqui, no Brazil, o 2 de Dezembro era apenas o anniversario natalicio de sua magestade D. Pedro Ultimo. Tinha por si, para se fazer respeitar, a candidez imma-

Sumário

5	OS DEVASSOS
7	PARDAL MALLET
9	"PORQUE ERA ELE, PORQUE ERA EU"
15	ABERRAÇÕES
19	BABÁ
23	À SOMBRA DAS ÁRVORES NO ROCIO
25	BANIDOS DA CORTE
28	MERETRIZES E PEDERASTAS
34	O NECROLÓGIO
37	PEDRADAS DISCURSIVAS
41	OS URANISTAS
47	FALHAS NOS SISTEMAS DE OPRESSÃO
49	EXÊ BABÁ!
51	TEXTO EM *O MEIO* NA ÍNTEGRA - BABÁ
60	O AUTOR

OS DEVASSOS

Desde adolescente, quando identifiquei textos sobre homossexualidade em livros, não interrompi buscas por diferentes leituras sobre o assunto. Mais tarde, durante o curso de História na Univates, em Lajeado, cidade de médio porte no Vale do Taquari, interior do Rio Grande do Sul (RS), passei a entender que poderia procurar as ditas fontes primárias em arquivos diversos. Tornei-me o que chamam de pesquisador-colecionador – a meu modo, sem muitas expensas, reunia o que encontrava: tirando fotos, fotocópia, comprando em sebos físicos e *online*.

Aos poucos, fui tomado pela vontade de escrever. No início, pensava em um tomo amplo voltado ao gaúcho, algo ainda não feito. Meu tempo acabou preenchido por publicações com foco na realidade regional – Vale do Taquari. Mas a disposição para compartilhar os achados continuou. O trabalho ora apresentado é, em suma, resultante desse desejo. Curiosidade pessoal e interesse acadêmico me moveram. Evidentemente, torço por entusiasmo compartilhado.

Ao longo do texto, foram grifadas as ligações com o RS. Não somente por ser meu estado natal, mas porque sempre me intrigou ver no volumoso *Devassos no paraíso*, obra seminal do escritor, jornalista e militante homossexual João Silvério Trevisan, somente referências esparsas a essa parte do país. Em suma, eu acreditava que um livro com mais de 500 páginas, com o subtítulo *A homossexualidade no Brasil, da colônia à atualidade*[1], deveria ter mais sobre o Sul. Hoje, penso ser injusto cobrar mais do autor. Cada um pode contribuir.

Essa vinculação com o RS, um tanto flutuante ou efêmera, aqui se estabeleceu pelo texto jornalístico base da pesquisa – *Babá*. A matéria foi coassinada por Pardal Mallet (1864-1894)[2], escritor nascido na cidade de Bagé (RS). Bastou-me o nascimento em espaço geográfico. Não pretendo debater com quem achar o elo frágil, muito menos inventar teorias com intenção de dar um nó cego onde não há como. É, antes, a amarra típica dos cordões de tênis, facilmente desfeita, mas funcional.

---

1. TREVISAN, João Silvério. *Devassos no paraíso*: a homossexualidade no Brasil, da colônia à atualidade. 4ª edição. Rio de Janeiro: Objetiva, 2018.

2. O escritor é verbete comum nos textos que arrolam escritores gaúchos. MARTINS, Ari. *Escritores do Rio Grande do Sul*. Porto Alegre: UFRGS/IEL, 1978, p. 339.

PARDAL MALLET

Embora tenha origens em solo gaúcho, Mallet permaneceu nele por pouco tempo. Jovem, mudou-se para o Rio de Janeiro, onde se matriculou na Escola de Medicina. Na biobibliografia lançada por André Seffrin[3], foram citados os pais – o general João Nepomuceno de Medeiros Mallet e Mariana Leopoldina de Carvalho Pardal. Ela era filha do brigadeiro João Carlos Pardal. Teve três filhos da relação com João Nepomuceno, vindo a falecer em 1875. Pouco se encontra sobre ela, algo explicado pelos trabalhos de feministas diversas, que apontam para as mais diversas limitações impostas às mulheres, que pouco ocupavam o espaço público até um ponto não muito distante no passado.

Ele era filho do marechal Emílio Luiz Mallet (1801-1885), francês com atuação longa no Exército brasileiro, depois afastado por não ter nascido em terra tupiniquim. Após deixar as forças nacionais, Emílio passou a ser oleiro em uma chácara na localidade de Quebracho, em Bagé. Ele teve quatro filhos[4]. João Nepomuceno, o primogênito, nasceu em São Gabriel (RS).

---

3. SEFFRIN, André. *Pardal Mallet:* cadeira 30, patrono. Rio de Janeiro: Academia Brasileira de Letras; São Paulo: Imprensa Oficial do Estado de São Paulo, 2012, p. 6.

4. BENTO, Cláudio Moreira. *Estrangeiros e descendentes na história militar do Rio Grande do Sul – 1635 a 1870.* Porto Alegre: A Nação/IEL, 1976, p. 170.

Nepomuceno participou da Guerra do Paraguai (1864-1870); foi responsável por avisar a D. Pedro II sobre a ordem de deixar o país assim que proclamada a República (1889); acabou afastado por um tempo do Exército, quando assinou o *Manifesto dos 13 generais*, em 1892, no qual se posicionava contra a permanência de Floriano Peixoto como presidente depois da renúncia de Deodoro da Fonseca, considerada por ele uma transferência de poder equivocada, porque feita sem eleições; e voltou à ativa alguns anos depois.

Pardal Mallet talvez tenha sido criado na localidade de Quebracho, onde o avô tinha a chácara. Seffrin registrou que ele estudou francês e inglês em Bagé, migrando ainda jovem para o Sudeste. A movimentação geográfica era característica da família em razão dos cargos ocupados pelo avô e pelo pai de Mallet junto ao Exército. Mesmo assim, o escritor não se desligou totalmente do Sul, algo demonstrado em sua atividade jornalística, no qual se mostrava interessado em assuntos do seu estado natal, especialmente os políticos.[5]

---

5. Mallet escreveu romances naturalistas como *Hóspede* (1887) e *Lar* (1888), entre outros. O ensaio *Pelo divórcio!* (1894) tem estilo panfletário e é um de seus textos mais conhecidos. Além disso, existe uma considerável produção espalhada por jornais como *O Combate*, *Gazeta de Notícias* e *Diário de Notícias*.

"PORQUE ERA ELE, PORQUE ERA EU"

Mallet não escreveu *Babá* sozinho. O texto – transcrito na íntegra e com atualizações ortográficas ao final deste livro – foi localizado no panfleto *O Meio*, jornal semanal de caráter antimonarquista assinado em conjunto com os escritores Coelho Neto (1864-1934) e Paula Ney (1858-1897). O primeiro era maranhense, mas foi para o Rio de Janeiro com os pais quando tinha seis anos de idade. O último, considerado um trocista por seus amigos, "um boêmio genial, para quem o dia de amanhã não passa de uma figura retórica"[6], era cearense.

As relações homoeróticas não eram desconhecidas no círculo de amizades desses três. Eles conviviam com Olavo Bilac[7] (1865-1918), constantemente alvo de pia-

---

6. ESBOCETOS a bico de lápis III: Paula Ney. *A Semana*, Rio de Janeiro, 26/03/1887, p. 4.
7. A convivência de Olavo Bilac e Pardal Mallet rendeu uma história tragicômica, muitas vezes lembrada. Valentim Magalhães, que descreveu Mallet como um homem "claro, louro, estatura meã, corpo leve e esbelto, uma linda cabeça de mosqueteiro" e de "lindos bigodes", narrou um duelo entre os dois. Depois de passarem a noite bebendo em companhia um do outro, "às cinco da manhã foram para o quintal, puseram-se nus da cinta para cima e bateram-se". Mallet acabou ferido e "apenas o Bilac viu o sangue no peito de seu querido amigo atirou-se a ele chorando, levou-o para a cama e saiu, como um doido, em cabelo, à ▸

das por suposta pederastia[8]; e com Raul Pompeia (1863-1895), autor de um dos clássicos da literatura nacional com narrativas homossexuais acontecendo em um internato escolar: *O Ateneu* (1888). Ferreira Leal (1850-1914) já tinha publicado *Um homem gasto* (1885)[9], considerado vanguarda na literatura na qual figuram personagens com vivência homoerótica. Mas quando o trio cearense-gaúcho-maranhense escreveu o texto transcrito ao final do livro, o amigo Aluísio Azevedo (1857-1913) ainda não havia trazido a lume a cena de amor lésbico entre as personagens Léonie e Pombinha, que apareceu em *O Cortiço* (1890); e Adolfo Caminha (1867-1897), por sua vez, não havia lançado o "escandaloso" *Bom crioulo* (1895), narrando o relacionamento afetivo-sexual interracial entre o ex-escravo Amaro e o jovem Aleixo.

▸ procura de um médico". MAGALHÃES, Valentim. Pardal Mallet. *A Semana*, Rio de Janeiro, 16/02/1895, p. 19-20 (fl. 3-4).

8. Uma charge de Álvaro Marins (1891-1949), que utilizava o pseudônimo Seth, no *Álbum de Caricaturas*, publicação depois denominada *O Gato*, mostrou Olavo Bilac junto com o escritor homossexual João do Rio (1881-1921), ambos admirando a estátua de Heliogábalo, imperador romano conhecido pelas relações homossexuais e pelo uso de roupas ditas femininas. Seth. *Álbum de Caricaturas*, Nº 1, Rio de Janeiro, 1911, p. 13.

9. O livro causou certo alvoroço à época, mas ficou praticamente esquecido até ganhar nova edição em 2019. LEAL, Ferreira. *Um homem gasto*. Uberlândia (MG): O Sexo da Palavra, 2019.

Coelho Neto editou *Patinho torto* ou *Os mistérios do sexo* em 1924. Essa peça teatral em três atos trata da vida de uma jovem que gosta de jogar futebol e fumar, que acaba descobrindo não ser mulher, mas homem. Como "ela" estava noiva, para afastar a possibilidade de um grande escândalo, a família acreditou ser melhor arranjar novo casamento, dessa feita com a irmã do ex-noivo. Trevisan defendeu que o escritor tinha receio de romper com o conservadorismo da época, deixando de tocar – no que perdera a oportunidade – em questões como os papéis sexuais ambíguos/trocados e a emancipação feminina[10]. *Patinho torto* surgiu muitos anos depois dele coassinar *Babá*, cuja exegese poderá (ou não) dar novos contornos à percepção de Trevisan.

Além de o homoerotismo ser assunto nas obras de Mallet-Neto-Nei e nas de outros escritores, algo relativamente comum em produções associadas ao Realismo e ao Naturalismo[11], é preciso considerar que a convivência desses homens do mundo das Letras, muitas vezes, se dava em espaços de boemia, onde podiam ver de perto gama multicolor da sociedade de então. Vivia-se em

---

10. TREVISAN, João Silvério. *Devassos no paraíso:* a homossexualidade no Brasil, da colônia à atualidade. 4ª edição. Rio de Janeiro: Objetiva, 2018, p. 261.

11. A quantidade pode levar a uma ideia equívoca de aceitação ou tolerância, quando, na verdade, poucas dessas composições apresentavam um viés positivo. Alguns são dúbios, levando a interpretações diversas. Um dos textos que suscita debates sobre a posição do autor é *Bom crioulo*, de Aldolfo Caminha.

efervescência social e política. O declínio/fim do período monárquico foi recebido com efusão pelo grupo, formado basicamente por abolicionistas e republicanos. Nas noitadas, durante as bebedeiras – Paula Ney era um arrebatado enamorado de Baco –, além de debaterem a abolição, o fim da monarquia, os novos rumos do país e, evidentemente, obras literárias, não se pode esquecer da socialização ocorrendo entre esses intelectuais e os frequentadores de cabarés, mulheres que atuavam como profissionais do sexo[12] e "gays" – quaisquer que fossem as nomenclaturas com as quais os denominassem naquele período: aberrações, afeminados, anormais, andróginos, Ganimedes, pederastas, sodomitas.

Também é conveniente inferir que as relações de amizade entre os homens são marcadas por como a masculinidade precisa ser representada em determinado contexto geográfico e sócio-histórico. No tempo de Mallet, apesar de a relação sexual entre homens ser condenada com veemência, na escrita, a amizade fervorosa podia ser entoada sem maiores problemas. Depois da morte de Mallet, Olavo Bilac, utilizando o pseudônimo

---

12. Prefiro a nomenclatura "profissionais do sexo" em razão da carga de preconceito atrelada aos mais diversos nomes com que possam ter sido (e sejam) denominadas as pessoas nesse trabalho. Nos jornais pesquisados, evidentemente, não aparecia essa terminologia, que surgiu recentemente. No entanto, para não perder na descrição histórica, algumas vezes pareceu indispensável manter os termos utilizados: meretrizes, mundanas, prostitutas (...).

Holbach, escreveu que a amizade entre os dois tinha sido semelhante à de La Boétie (1530-1563) com Montaigne (1533-1592). Tanto que recorreu a um trecho em que o último descreveu a relação afetuosa com La Boétie para descrever a convivência com Mallet: "Se insistirem para que eu diga por que o amava, sinto que não o saberia expressar senão respondendo: porque era ele, porque era eu".[13] Como as identidades de gênero não estavam tão marcadas em outros tempos, não é descartável a hipótese de que o desejo homoerótico permeasse essas relações – talvez manifestado de forma mais entusiasta de uma das partes.

Nesse texto, no qual assinalava a passagem de um ano da morte de Mallet, Bilac rememorou o "irmão". Para isso, fechou os olhos para lembrá-lo "pálido e belo, de olhos claros que nunca diante de um olhar de um forte se abaixaram, de longos bigodes de ouro, de cujas pontas afiadas como pontas de floretes, pendiam insolências e sarcasmos".[14] Bilac arguiu que Mallet, infelizmente, viveu em uma época em que os jornais eram dados às mentiras, a política à mesquinharia. "Numa intimidade cuja recordação está agora me turvando de lágrimas os olhos, te vi aberto [?], diante de mim, o coração ulcerado de desgostos e golpeado de injustiças e faminto de feli-

---

13. HOLBACH. Ironia e piedade. *Cidade do Rio*, Rio de Janeiro, 24/11/1895, p. 1. O texto aparece em francês no jornal. A tradução é livre.

14. HOLBACH. Ironia e piedade. *Cidade do Rio*, Rio de Janeiro, 24/11/1895, p. 1.

cidade e sedente de amor"[15], contou Bilac ao relembrar dos últimos dias do amigo, que vivia melancólico antes de falecer de tuberculose em Caxambu (MG), em 24 de novembro de 1894. Um ano depois, Bilac sentiu pelo amigo estar sepultado longe: "[...] tão longe de meus beijos e minhas lágrimas".[16]

---

15. HOLBACH. Ironia e piedade. *Cidade do Rio*, Rio de Janeiro, 24/11/1895, p. 1.

16. HOLBACH. Ironia e piedade. *Cidade do Rio*, Rio de Janeiro, 24/11/1895, p. 1.

ABERRAÇÕES

Muitos trabalhos acadêmicos, assim como levantamentos de grupos militantes – não esquecendo as buscas de autodidatas –, têm revelado personagens reais ou fictícios com vivências homoeróticas através dos tempos. Por vezes, esses trabalhos desencadeiam discussões acirradas sobre a existência ou não de literatura que pode ser chamada de gay, sobre a (ir)relevância do *outing* de personagens históricos – vide os casos emblemáticos de Mário de Andrade (1893-1945) e de Pedro Nava (1903-1984) –, entre outras. Sucintamente, não considero possível descartar gênero e sexualidade da constituição das subjetividades. Ambos são produtores "incansáveis" do estar dos indivíduos e, assim, são relevantes em suas obras – bem como na vida de todos, posto que se é constituído, também, por referências.

Os comportamentos afetivo-sexuais, assim como as opiniões de Mallet-Neto-Ney sobre o desejo homoerótico foram registrados de forma esparsa; suscitaram dúvidas; fomentaram pesquisas. Leonardo Mendes, doutor em Teoria Literária pela Universidade do Texas, se debruçou sobre as produções de Olavo Bilac, sobre quem pairam suspeitas de homossexualidade.[17] Seu estudo se esten-

---

17. MENDES, Leonardo. *Vida literária e homoerotismo no Rio de Janeiro de 1890*. Via Atlântica, São Paulo, Número 24, 133-148, dezembro de 2013.

deu ao círculo de amizades do poeta. No trabalho, identificou, por exemplo, a convivência de Coelho Neto com um homossexual. Na rua do Lavradio, ambos alugavam cômodos da mesma casa. Um rapaz alto, ruivo, que gostava de usar roupas vistosas e perfumes, atraiu a atenção do escritor, que o descreveu em um de seus livros. Outra vez, dessa feita dividindo estada com Aluísio Azevedo na rua Conde d'Eu, área central do Rio de Janeiro, Neto privou do mesmo espaço com *Salomé*, um copeiro de cor mulata costumeiramente vestido de mulher.

Mendes registrou que Mallet, no livro *Pelo divórcio!* (1894), ao se referir aos *mignons*[18] da corte de Henrique III (1551-1589), escreveu que esses não passavam de "aberrações". O pesquisador acredita que o antimonarquismo ferrenho do jornalista pode ter levado a essa colocação: teria sido importante mostrar o sistema de governo monárquico corrompido moralmente. Independente da motivação, o comentário foi perpetuado. De qualquer forma, acrescento, *Pelo divórcio!* também mostra o escritor como duro crítico da Igreja Católica, o que pode ser indicador de não comunhão com moralismos cristãos – desde há muito fundamentos de discriminações em matéria de gênero e sexualidade. Mas não é indevido lembrar que mesmo os avessos às instituições religiosas foram e são

---

18. Como eram conhecidos os favoritos dos reis, especialmente os do rei francês Henrique III. Poderia ser traduzido por "fofinhos". As igrejas protestante e católica comandaram uma cruzada moral contra a existência de relações homossexuais entre reis e seus favoritos.

constante e inconscientemente capturados pela ética-moral cristã, amalgamada à construção do Ocidente.

Com valor indiciário, também cito texto no qual Coelho Neto, utilizando o pseudônimo *Caliban*, elogiou uma defesa do Naturalismo feita por Mallet no *Diário de Notícias*.[19] Este, discorrendo sobre os leitores em geral, teria argumentado: "Admitem o Dante que nos apresenta Satan soprando uma trombeta de modo pouco airoso [...], admitem Molière com sua *Escola de Maridos*, Homero com seu Pátroclo e repudiam Zola [...]". [20] Entendo ser uma referência a como Homero retratou a relação homoerótica de Pátroclo com Aquiles. Contudo, mesmo somada à referência aos favoritos de Henrique III, a ironia de Mallet não parece suficiente para responder se o gaúcho era o que hoje denominamos de preconceituoso[21], o que parece estar posto como um ponto de interesse secundário na pesquisa citada.

---

19. MALLET, Pardal. Semanaes: Naturalismo e Positivismo. *Diário de Notícias*, Rio de Janeiro, 05/07/1888, p. 1. Encontrei esse texto de Mallet, no qual cita Homero, mas não Pátroclo. Contudo, a defesa contundente do Naturalismo foi feita com a ironia registrada por Caliban, embora de forma mais generalista. Mallet citou autores renomados que utilizaram as mesmas temáticas que os naturalistas, mas que não foram enxovalhados por leitores e crítica.

20. CALIBAN (NETO, Coelho). Da sombra. *Cidade do Rio*, Rio de Janeiro, 05/07/1888, p. 2.

21. Fico atento ao anacronismo que a pergunta pode suscitar, visto que, no tempo de Mallet, não se faria esse questionamento.

Não há como dar uma resposta definitiva (embora fique demonstrado que pendo bastante para um lado somados os indícios apresentados neste livro). Ainda mais porque era costume desses escritores redigir textos em colaboração. André Seffrin registrou, por exemplo, que Mallet escreveu o romance *O esqueleto: mistérios na casa de Bragança* (1890) em conjunto com Olavo Bilac. O texto foi publicado no jornal *Gazeta de Notícias* como folhetim, no qual utilizaram o pseudônimo *Victor Leal*.[22] Em outros momentos, escreveram em trios ou em grupos com mais pessoas. A escrita coletiva não é mais tão comum em livros, mas surge em diversos trabalhos acadêmicos assinados por "multidões", donde resta quase impossível individualizar pensamentos. Como saber se concordavam em todos os pontos?

De momento, assim como pode (ou não) deslocar a análise de Trevisan sobre Coelho Neto, *Babá* também pode ser indício e amparo para reinterpretações de Mendes sobre Mallet. Todavia, tenho cá comigo que o escritor gaúcho será ator menor nesta publicação depois que o leitor se encontrar com uma bicha preta e pobre do final do século XIX, seu personagem central.

---

22. SEFFRIN, André. *Pardal Mallet:* cadeira 30, patrono. Rio de Janeiro: Academia Brasileira de Letras; São Paulo: Imprensa Oficial do Estado de São Paulo, 2012, p. 8.

BABÁ

Mallet e boa parte de seus amigos eram republicanos, contrários ao sistema escravocrata e a favor da emancipação feminina. Isso era suficiente para muitos cambalachos. Desentendendo-se com a política de Floriano Peixoto logo após a instituição da República, o escritor, ferino em seus artigos no jornal *O Combate*, acabou perseguido e deportado para a Amazônia, além de ter sido surrado por florianistas quando já anistiado.[23]

Algum tempo após a morte de Mallet, ele foi descrito no *Cidade do Rio* como aquele escritor de textos nos quais "nunca a verdade era sacrificada. Fosse ela dolorosa como uma punhalada, ou repugnante como uma chaga gangrenada, tivesse ela de sacrificar, para aparecer, toda uma sociedade [...]".[24] Sua marca registrada era a gravata vermelha[25]. Essa "escandalosa gravata cor de sangue"[26] chamava tanta atenção nas ruas quanto seus textos.

---

23. SEFFRIN, André. *Pardal Mallet:* cadeira 30, patrono. Rio de Janeiro: Academia Brasileira de Letras; São Paulo: Imprensa Oficial do Estado de São Paulo, 2012, p. 17-24.

24. HOLBACH. Ironia e piedade. *Cidade do Rio*, Rio de Janeiro, 24/11/1895, p. 1.

25. HOLBACH. Ironia e piedade. *Cidade do Rio*, Rio de Janeiro, 24/11/1895, p. 1; Sem autoria. Pardal Mallet. Cidade do Rio, Rio de Janeiro, 23/11/1897, p. 1.

26. CORISCO. Relâmpagos. *Correio Paulistano*, São Paulo, 06/09/1890, p. 2.

A apresentação de *Babá* feita junto com Coelho Neto e Paula Ney também foi buliçosa em muitos pontos. *Babá* era, *mutatis mutandis*, a "bicha preta e pobre" que a cantora Liniker se autonomeia no século XXI; era Nei D'Ogum, falecido em 2017: o "pobre, preto, puto" celebrado no documentário de Diego Tafarel (2016). Tanto Liniker quanto Nei D'Ogum buscaram dizer que "bicha" e "puto" são termos que não podem servir como xingamento, pois são modos de ser como quaisquer outros.

Em seu tempo, *Babá* não escreveu nos jornais, mas sua existência foi forte a ponto de não passar despercebida por quem detinha o poder da palavra – embora poucos tenham sido ousados a ponto de retratá-lo. Dias após sua morte, Mallet-Neto-Ney aventuraram a dizer que, tivesse vivido à época dos deuses mitológicos, não estaria em cova rasa, mas em "um templo, à sombra de carvalhos sagrados e hierodulos para velarem pela chama da trípode que o alumiasse".[27]

Depois das primeiras linhas, o interesse pelo personagem se tornou intenso o suficiente para me levar a conjecturar um livro no qual ele mesmo, de alguma forma, pudesse falar. Em tempos em que a censura está à espreita, quanto mais se negarem a permanecer mudos e/ou quantos mais puderem falar sobre o que se pretende silenciar, tanto melhor. Mallet-Neto-Ney, em sua época, também foram movidos por esse sentimento de

---

27. MALLET, Pardal; NETO, Coelho; NEY, Paula. *O Meio*: social, político, literário e artístico. Ano 1, Número 13 (2ª série), Rio de Janeiro, 14/11/1889, p. 103.

que era necessário dizer a despeito do *status quo*. Afinal, "sempre que um oprimido gemia, a pena de Pardal Mallet desabava sobre o opressor, carregada de raios".[28] O desfecho trágico de *Babá* foi a deixa que levou os escritores à seguinte exposição:

> [...] *um crioulo, de vinte a vinte e cinco anos, conhecido pela alcunha de Babá que, procurando sempre o contato da devassidão viveu, até o último dia, empregado em casas de cocotes, exercendo a seu turno, quando o serviço não o reclamava, função idêntica a das suas amas. Fiel e honesto, ativo, discreto e inteligente, o Babá era disputado por todo o* demi-monde[29]. *Era um perfeito eunuco de lupanar – tramava ardis com a esperteza de uma mulher, ninguém como ele para uma alcovitice. Sempre limpo, perfumado sempre, atravessava as ruas meneando os quadris magros, virando e revirando os olhos, sempre de meias de cor, arrastando chinelinhas de bico, das que usam, a meio pé, as baianas. À noite saía à cata de libidinosos, ficava de espreita,* guettait l'amour[30] *e deixava-se*

---

28. HOLBACH. Ironia e piedade. *Cidade do Rio*, Rio de Janeiro, 24/11/1895, p. 1.

29. Depreende-se que *Babá* era procurado por homens que pagavam bem por seus serviços, posto que *demi-mondaine* era expressão utilizada para discorrer sobre as "(semi)mundanas" parisienses, sustentadas por homens ricos.

30. Literalmente, "perdendo o amor".

levar pelo primeiro libertino que lhe dirigia a palavra. Apaixonou-se ardentemente por um ator.[31]

Ao final deste livro, anexo o texto na íntegra por acreditar que o acesso a essa leitura permite não somente concordância, mas o escrutínio do que vou apresentando ao leitor, levando a outras interpretações.

---

31. MALLET, Pardal; NETO, Coelho; NEY, Paula. *O Meio*: social, político, literário e artístico. Ano 1, Número 13 (2ª série), Rio de Janeiro, 14/11/1889, p. 106-107.

À SOMBRA DAS ÁRVORES NO ROCIO

Mallet-Neto-Ney frequentavam os ambientes boêmios. Muitos desses lugares eram, desde há muito, apontados como antros nos quais vicejava a pederastia. O jornal *Carbonário*[32], em 21/09/1883, alertou o chefe de polícia sobre esses locos:

> *Entre os bons serviços que S. Ex, prestaria, e talvez destarte perpetuasse o seu nome, seria o de conseguir qualquer meio para extirpar o cancro da pederastia, que dia a dia invade esta cidade. É preciso que seja atirada para bem longe essa horda de rapazes sem vergonha, que à noite, nos largos São Francisco, do Rocio, da Carioca, e em outras ruas estacionam, com a mira na obtenção de alguns vinténs, prestando-se à maior das torpezas. Esses desgraçados, além de prestarem-se ao mais infame dos misteres, são consumados gatunos.*[33]

---

32. Esse veículo de informação circulou no Rio de Janeiro entre 1881 e 1890. Não aparece a autoria da redação, mas é possível depreender sua vinculação com grupos maçons. Por um lado, era preocupado com questões sociais, defendendo, por exemplo, o fim da escravatura. Por outro, no entanto, era mister em sacrificar alguns grupos sociais: profissionais do sexo e homossexuais com mais veemência.

33. AO Sr. chefe de polícia. *Carbonário*, Rio de Janeiro: 21/09/1983, p.3.

De certo, não era desconhecido para os três escritores, no Rio de Janeiro, o Largo do Rocio. Carlos Figari, doutor em Sociologia, o definiu como "o espaço da cidade que começava a delinear claramente como uma 'zona homoerótica' por excelência [...]. O Rocio compreendia um passeio e uma zona de trânsito artístico, de diversões e prazeres".[34] Os jornais circulavam repletos de denúncias de multiplicação de pederastas por ali. Descrevendo a prostituição masculina, a edição de 04/07/1888 do *Carbonário* destacou que "à noite, quando a sombra das árvores caem por sobre os cantos encobertos pelas plantas, quando a voracidade torpe se incendeia, não é dado a ninguém atravessar o dito largo sem o risco de incômodo encontro com uma aluvião desses entes corrompidos pelo vício".[35] Nesse lugar, *Babá* viveu parte de sua curta existência.

---

34. FIGARI, Carlos. @s outr@as cariocas: interpelações, experiências e identidades homoeróticas no Rio de Janeiro, séculos XVII ao XX. Belo Horizonte/Rio de Janeiro: UFMG/IUPERJ, 2007, p. 221.

35. PEDERASTIA. *Carbonário,* Rio de Janeiro, 04/07/1888, p. 1.

BANIDOS DA CORTE

Naqueles tempos, a mudança de governo – do Império para a República – alvoroçava as vidas de muita gente. Os belos olhos azuis de Mallet não foram suficientes para abrandar a ira do Visconde de Saboia (1836-1909), que ameaçou reprovar o jovem na Escola de Medicina, no Rio de Janeiro, caso não deixasse de lado os ideais republicanos. O impetuoso estudante preferiu abandonar a área médica e, tempos depois, concluiu Direito em Recife (PE). Arroubos foram comuns na sua breve existência. Mallet foi defensor dos duelos como meio para dirimir o que acreditava serem pequenas causas, tanto que se envolveu em vários: com o jornalista gaúcho Germano Hasslocher (1862-1911); com Olavo Bilac – o amigo amoroso; além de ter desafiado Artur Azevedo, com quem não chegou às vias de fato. Essas disputas em nome da honra não os tornaram inimigos irreconciliáveis.

Ânimos exaltados. Mudanças vislumbradas. Todavia, parece não ter alterado muita coisa na percepção sobre os afeminados. Com frequência, exigia-se "destruir por uma vez" a pederastia, "tão repugnante vício"[36]. Desde 1881, quando foi fundado, o periódico *Carbonário* denunciava as relações homoeróticas. Para exemplificar

---

36. Sem título. *Corsário*, Rio de Janeiro, 13/01/1883, p. 1.

o teor das bravatas contra o que consideravam imoral, segue a redação de denúncia feita em 08/11/1886, na qual ficou evidente a indignação com a presença de determinado grupo na rua do Lavradio, no centro do qual:

> [...] n'uma pose esquisita, e com ares de abandono, achava-se um destes moços, para quem as leis da natureza não passam de sarcasmo pungente. Era um rapaz de dezoito a vinte anos, mais ou menos, trajando roupas brancas, chapéu de palha com larga fita, e tendo na mão uma linda bengala, adornada com um laço de fita, que prendia um buquê de flores. No todo, um afeminado com todos os tiques de sujeito relaxado. E naquele meio, como que comprazia-se em ser o alvo de abjetas chalaças, quedando-se mole e cheio de "me deixes" de quem não quer e querendo. O espetáculo tornava-se repelente, indigno do lugar, muito principalmente a poucos passos da repartição da polícia.[37]

Clamando por intervenção policial, o autor disse que "os desta espécie pelo menos deviam ser banidos da corte".[38] Tanto monarquistas quanto os ansiosos em erguer um novo país – de formato republicano – estavam às voltas com ideias de higienização, tentando varrer formas de afeto e sexualidade não heterossexuais e não cisnormativas (embora não recorressem a esses termos,

---

37. IMORALIDADE. *Carbonário*, Rio de Janeiro, 08/11/1886, p. 2.
38. IMORALIDADE. *Carbonário*, Rio de Janeiro, 08/11/1886, p. 2.

que se popularizaram muito tempo depois). A ânsia de mostrar um país diferente daquele visto como decaído reforçou muitos discursos moralistas da anunciada e, depois de 1889, recém-instaurada "nova fase" brasileira.

MERETRIZES E PEDERASTAS

Embora a percepção do gaúcho Mallet sobre as vivências homossexuais tenha sido o que me faz reapresentar o texto, confesso ter sido *Babá* quem ganhou meu afeto. Tanto que tentei localizar mais sobre sua breve vida no Rio de Janeiro. Salvo engano causado por homônimo[39], ele deixou alguns rastros. Um deles mostra o que se tornou rotina na vida de LGBTQI+ brasileiros até muito recentemente, até no período da Ditadura Militar. O jornal *Novidades*, em 17/01/1887, apresentou breve nota dizendo: "Mais uma vez foi preso o célebre *Babá*, porque ainda não quis ter ocupação séria".[40] A possibilidade de enquadrar por vadiagem data do Código Criminal do Império (1830). Já na República, o novo Código Penal (1890) não teria melhorado a vida dele se vivo fosse, consequência dos artigos que possibilitavam a prisão de vadios e mendigos, dispositivos legais por longo tempo utilizados pelas forças repressivas com larga maleabilidade para a acusação de homossexuais.

---

39. Como as inserções nos jornais são curtas, trago aquelas que me parecem menos passíveis de ser relativas a pessoas diferentes daquela retratada por Mallet, Neto e Ney. O mesmo espaço geográfico (RJ) e tempo (década de 1880) diminuem a possibilidade de erro.

40. Sem título. *Novidades*, Rio de Janeiro, 17/01/1888, p. 1.

Por volta de um ano antes da assinatura da Lei Áurea, na edição de 27/05/1887 do *Carbonário*, nova menção. A aparente preocupação do autor com *Babá* pode ter sido, antes, boa oportunidade para tornar público o desafeto pela cafetina Pauline, acusada de manter uma banca de jogo em seu estabelecimento e de gerir de quatro a cinco mulheres, a quem cobraria aluguel demasiado. Segue um recorte:

> *Um anônimo escreve-nos denunciando que a famigerada Petite Pauline há vinte dias surrou barbaramente um criado, conhecido pela alcunha de Babá, contundindo ferozmente o pobre homem. Em seguida, temendo que o paciente se fosse queixar à polícia, chamou um guarda para prendê-lo, a fim de intimidá-lo, tapeando o guarda com algumas dádivas para que não revelasse o ocorrido.*[41]

Entreveros entre homossexuais e meretrizes não eram incomuns. Algumas vezes, não passavam de disputas por um mesmo amante. Da convivência de *Babá* com elas, certos indícios com os quais fui me deparando são citações curtas. Em 17/10/1887, o *Carbonário* anunciou que uma tal de Jeanne, residente à rua do Lavradio, estava vendendo todas as suas coisas. "O Babá é o Belchior"[42], destacou o pequeno texto. "Belchior", no caso, não era nome próprio, mas sinônimo de quem vendia

---

41. CASTIGOS corporais. *Carbonário*, Rio de Janeiro, 27/05/1887, p. 1.
42. Sem título. *Carbonário*, Rio de Janeiro, 17/10/1887, p. 3.

objetos usados, de quem comercializava em espécie de brechó.

Na edição de 03/09/1888, apareceu uma solicitação de providências em relação aos pederastas no Rio de Janeiro dirigida ao ministro da Justiça. Dessa vez, acompanhada de sugestão de ordem prática: vagabundos que mercadejavam os prazeres do corpo deveriam ser deportados para o Mato Grosso. Além de reiterarem o Largo do Rocio como zona em que a pederastia seria comum, assentaram que muitos desses rapazes viviam nas casas de profissionais do sexo. Ao contrário de Petite Pauline, algumas cafetinas e meretrizes construíam fortes laços – de afeto – com homossexuais. Não há como precisar se era amizade somente, se era percepção da rentabilidade deles enquanto objetos sexuais ou interesse em seu trabalho nos afazeres domésticos – o que poderia se agrupar e variar de caso a caso. Dessa feita, mesmo que em meio às costumeiras críticas aos pederastas, *Babá* retornou às páginas do jornal em melhor momento:

> *Nas casas das meretrizes abundam esta classe de indivíduos, que são bem conhecidos, rapazes completamente inúteis, que por ali andam a mourejar, esperando as sobras dos que, fartos de mulheres reles, se atiram aos gozos da pederastia. Um desses indivíduos, soubemos há pouco, esteve para ser deportado; e não foi, graças aos esforços de uma conhecida caftina de nome Medusa, que teve junto à polícia bastante prestígio para arrancar de lá o miserável pederasta. É – o Babá, um negro hedion-*

> *do e feio, que vive pelos lupanares a oferecer-se aos bestiais desejos dos homens completamente gastos e cínicos. Como esses, muitos outros há bem conhecidos de nomes, graças ao desbragamento do vício por que se distinguem em certas rodas, dos quais a justiça de um governo moralizador não pode permanecer indiferente.[43]*

Medusa, além de ter despencado para a delegacia para resgatar o "miserável pederasta", em 31/05/1886, na certa admoestada pelos moralistas do *Carbonário*, foi denunciada por estes por ter proibido suas "inquilinas" de lerem o jornal.[44] Não sem razão, reapareceu no periódico denunciada por fazer batuque em sua casa.[45] Quanto a *Babá*, volto a encontrar referência em meio à nota afirmando que "deram sorte nos teatros" – onde presumo que tenham ido "caçar" – ele mesmo, Gonelle, Lúcia, Luiza Pomy, Augusta Mulata e Petite Pauline, o que foi noticiado em 11/03/1889.[46] No linguajar jovem de hoje, *Babá* parece ter "se dado bem".

Com o marcador de "raça", em 19/07/1889, ele foi descrito entre duas meretrizes, à janela do hotel Provençaux[47], na rua do Ouvidor: "Em uma das janelas estava

---

43. A pederastia. *Carbonário*, Rio de Janeiro, 03/09/1888, p. 2.

44. Sem título. *Carbonário*, Rio de Janeiro, 31/05/1886, p. 3.

45. Sem título. *Carbonário*, Rio de Janeiro, 26/08/1886, p. 3.

46. FACTOS e boatos. *Carbonário*, Rio de Janeiro, 11/03/1889, p. 3.

47. Existiu um hotel denominado Frères Provençaux na esquina da rua do Ouvidor com a rua Gonçalves Dias.

entre a Felisbina Sorocabana e a Carolla Maluca o conhecido preto Babá!... Dignos uns dos outros!..."⁴⁸ Felisbina, que vivia em um sobrado na rua do Lavradio, era figura recorrente no jornal. Carolla (na maioria das vezes com um "l") era, também, arroz de festa no periódico. Uma das cenas em que mais eram vistas naqueles tempos era às janelas, insinuantes.

No mesmo hotel, apareceu como "manipanso", palavra que o vinculava à religião africana, à época considerada feitiçaria. Em 26/07/1889: "O preto Babá está dando sorte no Provençaux. Corre que é manipanso da casa e por isso as carcaças ali moradoras querem que ele reze sobre elas o... credo em cruz! Aproveita, rapaz!..."⁴⁹ Na verdade, no entanto, não estava com essa sorte toda.

Poucos meses depois, a notícia do suicídio. A nota contradiz, em parte, a indignação do texto de Mallet-Neto-Ney, que registraram que ninguém publicara duas linhas sobre o falecimento: "Calaram-se todos, ninguém teve coragem de escrever duas linhas sentidas sobre o falecimento do efebo cor de azeitona". [50] Provavelmente o *Carbonário*, de estilo panfletário, moralista e fofoqueiro, não fazia parte dos jornais aos quais dispensavam muita atenção. O aviso não deu conta apenas do ocorrido, mas, maliciosamente, revelou o nome do ator por quem *Babá*

---

48. FACTOS e boatos. *Carbonário*, Rio de Janeiro, 19/07/1889, p. 3.
49. Sem título. *Carbonário*, Rio de Janeiro, 26/07/1889, p. 3.
50. MALLET, Pardal; NETO, Coelho; NEY, Paula. *O Meio*: social, político, literário e artístico. Ano 1, Número 13 (2ª série), Rio de Janeiro, 14/11/1889, p. 103.

estaria apaixonado: "Suicidou-se o Babá! Respeitemos o fato da morte do infeliz desvairado, mas quanto à causa que o levou a esse ato de desespero, indaguemos do Leite, *principiante* no Recreio, se a conhece".[51]

---

51. FACTOS e boatos. *Carbonário*, Rio de Janeiro, 08/11/1889, p. 2.

O NECROLÓGIO

Destaquei vários trechos do *Carbonário* evidenciando que, no contexto em que *Babá* viveu, as relações homoeróticas eram denunciadas publicamente com constância. A exposição, semelhante ao que acontece nos dias de hoje no jornalismo sensacionalista, acarretou ônus aos envolvidos, ainda mais em meio conservador.[52] Em relação aos pederastas, foi frequente a cobrança da ação policial, o que não raro deve ter ocorrido, ainda mais porque a perambulação nas ruas era facilmente atrelada à vadiagem, à mendicância e à gatunice. As sugestões de "deportação" para o Mato Grosso, então, literalmente, "o fim do mundo", mostram que a vontade de higienizar era grande, embora, o que é facilmente presumível, não tenha vingado de acordo com os desejos expressos nos discursos moralizantes.

Possivelmente, o grande número de meretrizes e de homossexuais era simplesmente tolerado, pois a clientela era abastada e numerosa. Não poucas vezes, a força policial esteve entre seus maiores frequentadores – algo ao que voltarei em seguida, na apresentação de Traviata. A legislação e a vontade moralizadora, real

---

52. Não é difícil notar certo interesse e disputa das profissionais do sexo da época para aparecer no jornal. De certa forma, funciona como propaganda gratuita. Isso não elimina os ônus decorrentes da exposição.

ou a dita "de cuecas", nunca deram conta de sanar o pretendido em relação à sexualidade. Contudo, não é possível desconsiderar as implicações de ambas sobre vários indivíduos que padeceram com penas diversas a título de exemplo.

Em cenário pouco alentador, a redação de Mallet-Neto-Ney se apresentou, resguardadas todas as críticas possíveis, como elogio fúnebre. No começo do retrato póstumo admoestaram aqueles sem "coragem" para escrever sobre a morte de *Babá*. O tom acusatório e inquisidor não interpelou o personagem marginal, mas os que preferiram apagá-lo da narrativa oficial. Em seguida, os autores se muniram de vasta argumentação histórico-mitológica, com referências às relações homoeróticas na Antiguidade (o imperador Adriano e o favorito Antínoo; o rapto do jovem Ganimedes pelo deus Júpiter...) e no Medievo (os *mignons* de Henrique III), para lançar a existência de outras possibilidades de enxergar relacionamentos entre pessoas do mesmo sexo – embora, de forma generalista, sem destacar nuances como a abjeção com a qual o afeminado era comumente visto entre os gregos.

Em outros artigos no mesmo semanário, os autores escreveram sobre o que, muito tempo depois, se diria ser – em boa parte – construção social. Mesmo que tenham se afastado dessa lógica ao explicarem o que acreditavam ser as causas do desejo homossexual – ao que voltarei adiante – tratando da maior inserção das mulheres no universo público, na edição de 06/12/1989, discorreram sobre fato que lhes interessou da seguinte forma:

> *Os telegramas do norte anunciam que houve mais uma investidura de bacharel em ciências sociais e jurídicas, no Recife, em pessoa do sexo feminino. Tanto melhor para os homens. Esta coisa de fazer da mulher um masculino não é de todo má para nós os machos, as eternas vítimas dos bigodes e das ceroulas, da bengala e da cabeça de casal. A sociedade vai compreendendo aos poucos que isto de sexo é apenas uma convenção.[53]*

A defesa da emancipação feminina foi extensamente realizada em mais uma edição, em 31/10/1889, da qual destaco somente pequeno trecho, que a finalizou. Disseram eles que as mulheres percorreram longos caminhos, mas que o progresso lhe reservava mais: "Escrava primeiro, dama em seguida e deusa mais tarde, ela ainda precisa ser o que deve ser; precisa ser mulher".[54] Entender feminilidades e masculinidades como resultantes, em boa parte, de convenções sociais, é conclusão que enfurece muita gente em pleno século XXI, no qual o debate sobre o que grupos reacionários, conservadores e anti-igualitários acusam de ser "ideologia de gênero" vem levando diversas pessoas às trincheiras.

---

53. MALLET, Pardal; NETO, Coelho; NEY, Paula. *O Meio*: social, político, literário e artístico. Rio de Janeiro, 06/12/1889, p. 121.

54. MALLET, Pardal; Neto, Coelho; NEY, Paula. A favor da mulher... *O Meio*, Rio de Janeiro, 31/10/1889, p. 70

PEDRADAS DISCURSIVAS

Voltando à narrativa sobre *Babá*, em determinados momentos, o rol de personagens mitológicos e reais envoltos com o homoerotismo pareceu servir para justificar a necrológio que eles apresentavam. Se Apolônio (295 a.C.-215 a.C.), Luciano de Samósata e Marcial (40 d.C.-104 d.C.) "não se vexaram" em falar sobre o tema, por que eles deveriam? Ao estratagema deles, somo a interrogação: caso fosse mais um texto dos habituais, com acusações aos pederastas, por que eles manteriam esse cuidado? Estavam na "defensiva" por saberem, também, que seu posicionamento não era o usual.

De certo sabiam estar andando em terreno pedregoso. Antes deles, escondido com o pseudônimo L. L., o médico Lourenço Ferreira da Silva Leal lançou *Um homem gasto*, um dos marcos iniciais da escrita sobre homossexualidade masculina no Brasil. Definindo o homoerotismo como perversão e sugerindo o suicídio como alternativa para os "perversos", embora "salvo" do linchamento moral pelo direcionamento "conservador" de seu texto, o trabalho não escapou de alertas feitos a prováveis leitores. Tanto pelo teor quanto pela qualidade da escrita. Houve quem o definisse como "piolheira literária".[55]

---

55. NOVIÇO. Um homem gasto. *A Semana*, Rio de Janeiro, 06/06/1885, p. 2.

Pardal Mallet chegou a ler a obra de Ferreira Leal, o que foi registrado por um tal de Motta Val-Florido, em tom irônico, no jornal *O Tempo*. Em 16/06/1888, Val-Florido informou que Mallet anunciou ter examinado dois livros: *Um homem gasto* e *Suplício de um marido*.[56] Trata-se de comentário jocoso à leitura de uma crítica literária redigida pelo gaúcho e publicada no jornal *Diário de Notícias*, em 14/06/1888. Eu tinha esperanças dessa exposição sobre os textos de Leal ser esclarecedora para identificar a opinião isolada de Mallet sobre a homossexualidade. Entretanto, quando encontrei o parecer, não localizei menção alguma.

Trata-se de uma análise dos textos de Ferreira Leal, que, segundo Mallet, não teria compreendido o Naturalismo, ao qual se autofiliava. Para o crítico, Leal errou ao definir o movimento literário como escrita em que aparecem "cruezas dissolventes" (em *Suplício de um marido*), o que apenas forneceria munição aos detratores, recorrentes em vincular naturalistas a imoralidades de todas as ordens. Também assinalou que ao naturalista não deveria caber, como Leal estaria fazendo, quaisquer apegos ao moralismo doutrinário – preocupado com as consequências da descrição de determinados tipos sociais. Em *Um homem gasto*, essa necessidade de conclusão – a velha moral da história – estaria destacada "no

---

56. VAL-FLORIDO, Motta. Chronica. *O Tempo*, Rio de Janeiro, 16/06/1888, p. 2.

desejo de dar um conselho aos pais de família que desejam casar as filhas com homens idosos".[57]

Na exegese, não havia menosprezo à literatura de Leal. Pelo contrário – o companheiro de Letras a elogiou. Mas não concordava em enquadrar seus livros como romances naturalistas. De certa forma compensador, enquanto silenciou sobre a questão homoerótica, Mallet não poupou energia, no mesmo texto, para apoiar a emancipação das mulheres, argumentando que elas deveriam ter direito tanto ao voto quanto ao de ser votadas.

Anos depois, ao lançar *Bom crioulo*, Adolfo Caminha se viu alvo de saraivada de pedradas discursivas. Sem antes dizer que "o romance transcorre na exibição dos mais repugnantes episódios. O nojo vai crescendo, de página para página"[58], o crítico Francisco Pacheco recorreu a autores estrangeiros para mostrar que o tema vinha sendo tratado pela literatura em conformidade com visões científicas/patológicas. Pacheco citou A. Moll (1862-1939), autor de *Les perversions de l'instinct genitale* (1897), Abel Botelho, com o *O barão de Lavos*, entre outros, para tentar "limpar a barra" de Caminha.

Retornando à vanguardista publicação em *O Meio*, os três acabaram atribuindo a pederastia (de *Babá*) à fraqueza de espírito, ao temperamento lasso, ao "feminismo". Esse termo foi utilizado no sentido de feminização de

---

57. MALLET, Pardal. Semanaes, Dr. Ferreira Leal: O suplício de um marido. *Diário de Notícias*, Rio de Janeiro, 14/06/1888, p. 1.

58. PACHECO, Francisco. Bom Crioulo. *Folha do Norte*, Pará, 03/01/1896, p. 2.

corpos que deveriam ser masculinos – dentro das expectativas para feminino e masculino àquela época: "O feminismo pode ter diversas causas – cotando-as: a fraqueza do espírito, a idiossincrasia de um temperamento lasso, o relaxamento de uma força nervosa ou o vício de uma educação acanhada fazendo propender para a molície, para a contemplação e daí para a volúpia fraca".[59]

Leitores anacrônicos de hoje podem pensar ser absurdas tais colocações, mas é pertinente a complexificação a partir do apontado alguns parágrafos antes. Percebendo o clamor que requeria a força policial atuando na higienização dos lugares ocupados pelos pederastas; as sugestões de suicídio (em Leal) e de deportação para os homossexuais; bem como os xingamentos à farta nos periódicos, não será devido pensar que Mallet-Neto-Ney se afastaram consideravelmente da simples repetição de pronunciamentos reiterando a abjeção de determinados corpos/vidas?

Inegável, no entanto, é que, ao mesmo tempo que o rememoraram como honesto, fiel, ativo e inteligente, perceberam-no como enfermo. Esse raciocínio, infelizmente, foi a porta – escancarada por vários com o poder da palavra – para que muitos tentassem curar a homossexualidade de todas as formas possíveis pelas décadas seguintes. O discurso patologizante acabou se tornando perverso em razão das implicações diversas.

---

59. MALLET, Pardal; NETO, Coelho; NEY, Paula. *O Meio*: social, político, literário e artístico. Ano 1, Número 13 (2ª série), Rio de Janeiro, 14/11/1889, p. 108.

OS URANISTAS [60]

Quiçá comparar – lendo o texto na íntegra ao final do livro – com a impressão deixada por outros pensadores possa sustentar uma das minhas hipóteses: considerar ter havido, nos três escritores (dos quais venho privilegiando Mallet) abolicionistas e a favor da emancipação feminina, também, certa tendência a entender a homossexualidade – mesmo não tendo tornado ao assunto mais frequentemente ou de forma mais contundente.

A descrição de Traviata feita pelo médico higienista Pires de Almeida (1843-1913) pode ser útil para compreender as descrições usuais à época. Retirei o excerto de uma revista de alguns anos antes do texto mais conhecido de Pires, que costuma ser referenciado.[61] Trata-se de trabalho apresentado em *O Brazil-Medico*, publicada no Rio de Janeiro, em 1902. O recorte

---

60. Com inspiração no mito de Platão em que Afrodite, a deusa do amor, nasce de Urano, os termos uranismo/uranista foram utilizados pelo ativista alemão Karl Heinrich Ulrichs (1825-1895) para designar pessoas com psiquê feminina em corpos de homem. O termo surgiu alguns anos antes da palavra homossexual e foi utilizado por vários estudiosos como sinônimo de diferentes identidades de gênero não binárias (homem/mulher).

61. Pires de Almeida lançou o livro *Homossexualismo: a libertinagem no Rio de Janeiro*, em 1906, pela Laemmert & C Editores.

foi extraído de um texto maior, impresso em partes ao longo daquele ano:

> *Umas das figuras mais características da libertinagem das ruas foi o célebre TRAVIATA, pederasta ativo e passivo, com grande voga nesta cidade, durante todo o tempo a que imoderadamente se entregou ao vício que o tornava saliente. Nos seus melhores dias, o Traviata exibia-se com aparato, isto é, trajava vistoso jaquetão à mexicana de gola de veludo, calça de caxemira de cor de flor de alecrim, gravata vermelha e lencinho branco a espontar do bolso, sapatinhos envernizados de entrada baixa, mostrando a meia de seda, e o chapéu de palha fitado azul.*
>
> *Sentado na parte de dentro de uma rótula semicerrada, ocupava-se diariamente a enfeitar chapéus de senhora, profissão em que era habilíssimo e, na qual, pelo gosto e boa combinação das cores nos aviamentos e guarnições, era escolhido para executar tais trabalhos de preferência às modistas ou chapelistas.*
>
> *De rosto largo, bexigoso, sempre pintado de branco-pérola e carmim: de cabelos encaracolados, negros e bigodes da mesma cor, e o resto do rosto escanhoado, frequentava os bilhares e os teatros, e sua clientela era domiciliar e avulsa, escolhendo ele para o acaso de suas aventuras os rocios, e principalmente o Passeio Público alta noite.*

Libidinoso e efeminado até o extremo, a sua voz era dulçorosa, sibilante, sua frase curta e ameigada, seus requebros petulantes, constituindo-se no todo o pederasta convidativo e cínico.

Esse infeliz, um dos mais apreciados e conhecidos do público e da gentalha da sua espécie, faleceu, há poucos anos, em uma casa da rua Senhor dos Passos, acercado de meretrizes da ralé, com as quais sempre se achava e convivia, não obstante ciúmes recíprocos por causa dos amantes.

Gostava de modinhas ao violão, dispondo aliás de uma bela voz de contralto: o derriço feminil e as inflexões lascivas da voz, dos olhos, dos movimentos e do corpo, quando cantava a parte de VIOLETA, na ópera de VERDI, valeram-lhe o apelido de Traviata, nome com que se anunciava, e assinava ostensivamente.

No apogeu de sua popularidade, o Gymnasio Dramatico aproveitou-o para dar, entre bastidores, uma nota grave, na conhecida cena cômica JOSÉ DO CAPOTE.[62]

---

62. *José do Capote*, de autoria do português Paulo Midosi (1821-1888), é uma peça cômica. Foi encenada pelo ator Taborda, em 1890, conforme noticiam alguns jornais do Rio de Janeiro: *A Noite* (04/06/1890, p. 2; 08/04/1891, p. 3; 10/04/1891, p. 3). Antes de Taborda, era interpretada pelo ator Arêas – *Gazeta da Noite* (03/05/1879, p. 3) –, entre outros. Não consegui identificar exatamente em qual momento Traviata fez a colaboração, mas não pode ter sido em 1890. Traviata era conhecido em 1881 ▶

Chamado à polícia para responder sobre ferimento causado em uma mundana sua vizinha, que lhe seduzira o amante (!), tornou-se notável pela escandalosa revelação que ali fez. Apenas entrou no edifício, entregou ao contínuo um cartão de visita[63], pedindo que o levasse ao Dr. Chefe de Polícia. Era assim concebido e ilustrado:

▶ conforme o *Carbonário* (07/11/1881, p.3). Em determinado momento, a alcunha passou a ser sinônimo de pederasta: *Carbonário* (24/09/1883, p. 4). Edição de 08/01/1886 do mesmo jornal já se refere a ele como "finado" (p. 3).

63. O cartão parece ter sido elaborado com base em um argumento que era utilizado pelos homossexuais em sua defesa: a de que os anjos não têm sexo.

Hesitando o empregado em entregar o cartão à autoridade, mostrou-o ao delegado de serviço, que, fazendo-o vir à sua presença, disse-lhe ter sido ele quem o mandara chamar.

– Bem sei; mas desejo entender-me pessoalmente com o S. Ex. o Sr. Dr. Chefe.

– S. Ex. não pode perder tempo, ouvindo as sevandijas da sua ordem.

– V. S. labora n'um erro: o Dr. Chefe de Polícia é um dos meus fregueses... passivos.

Efetivamente.... Horresco referens.

O Traviata tinha o andar típico dos uranistas, tal como o encontramos descrito nos especialistas: requebrando-se todo nas cadeiras, caminhava derreado, com as nádegas estufadas para trás; de vez em quando dava uns saltinhos, que ele fazia preceder de alguns passos mais curtos, em que os joelhos ficavam exageradamente curvados, semelhando assim perfeitamente o caminhar da mulher [...].

Traviata era de uma afetação repelente. Quando falava, metia um palavreado simultaneamente adocicado e piegas, fazia sibilar os ss, e interrompia a miúdo a frase para soltar uns – ais! suspirosos e entrecortados. É a característica de que nos fala COFFIGNON, comum a todos os uranistas, e que se faz sempre preceder de mo-

dos e gestos que escondem a mais requintada falsidade.[64]

Embora a aproximação entre os dois textos possa ser percebida em vários momentos (lascívia/libidinagem; feminismo/afeminado...), Pires usou as palavras, posso estar enganado, de forma mais pesada, seca. Evidente: um texto pretende ser científico; o outro é jornalístico-literário. De qualquer forma, mesmo Almeida não defendeu a prisão de homossexuais (uranistas), como alguns de seus contemporâneos fizeram. Ele propunha a educação moral para resolver o "problema".[65]

---

64. ALMEIDA, Pires de. A libertinagem no Rio de Janeiro perante a história, os costumes e a moral. *O Brazil-Medico*: Revista Semanal de Medicina e Cirurgia. Rio de Janeiro, 22/09/1902, p. 361.

65. ENGEL, Magali Gouveia. Sexualidades interditadas: loucura e gênero masculino. *História, Ciência, Saúde-Manguinhos*, Volume 15, Suplemento 0, Rio de Janeiro, 2018.

FALHAS NOS SISTEMAS DE OPRESSÃO

Também de Pires de Almeida, pinço o nome de outra figura "bafônica" do mundo homoerótico, que viveu no Rio de Janeiro entre 1858 e 1868:

> *[...] indivíduo de cor preta, de estatura alta, abdômen um pouco proeminente, representando mais de vinte anos, via-se sempre no largo do Rocio, e suas imediações, seguido por vistas ávidas e cobiçosas: era o crioulo ATHANASIO. Ocupava-se em vender doces e cana roletada, talvez como pretexto à sua entrada insuspeita nas lojas e armarinhos, cujos donos e caixeiros o recebiam em quartos reservados.*[66]

A procura por Atanásio atesta – novamente – que, a despeito do combate discursivo à pederastia, a realidade distava do pretendido pela moral vigente. Os pronunciamentos contrários às relações homoeróticas tinham caráter preventivo e combativo, eram alertas para evitar

---

66. ALMEIDA, Pires de. A libertinagem no Rio de Janeiro perante a história, os costumes e a moral. *O Brazil-Medico*: Revista Semanal de Medicina e Cirurgia. Rio de Janeiro, 01/10/1902, p. 371.

seu surgimento e condenações às existências. A despeito do alcance da vigilância, sempre houve quem escapasse dos cercos. Falhava-se tanto nas medidas profiláticas quanto nos processos de "cura".

Voltando ao meu ponto de vista, insisto em ver em *Babá* descrição que, dado o contexto, muitas vezes, penso só ter sido/ser possível a quem teve/tem certa convivência com indivíduos LGBTQI+. Não é devido, acredito, lançar sobre esses discursos que se deslocavam de uma realidade para outra – dos pedidos de intervenção policial e sugestões de deportação/suicídio para a compreensão da homossexualidade como enfermidade – o peso daquilo que esses mesmos discursos acarretariam, no futuro, à revelia de seu próprio controle: a intensificação da abjetificação de corpos/vidas.

Oportunamente, lembro que *Babá* era negro, pobre, provavelmente analfabeto. Era pederasta e efeminado, profissional do sexo, trabalhador braçal. Incontáveis permanências e estares compuseram sua vida. Dessa forma, múltiplos grupos minoritários poderão reivindicar sua existência como simbólica. Como pessoa sob o guarda-chuva LGBTQI+, neste livro, privilegiei as descrições de relações entre pessoas ditas "do mesmo sexo", algo em transformação no final do século XIX. "Raça" e classe social foram marcadores sociais observados. No entanto, esses relevantes elementos interseccionais não foram realçados. Para suprir essa lacuna, deixo o convite para outros pesquisadores.

EXÊ BABÁ!

É devido arrolar os notórios pederastas nomeados pelas páginas do *Carbonário*, em que apareceram sempre em meio ao deboche ou em matérias denunciando sua aparência e/ou modos afeminados – *Babá*, Traviata, Panella de Bronze, Dondoca (Antônio Teixeira), Sinhasinha (João de Santa Maria), Gallinha e Trinca Espinhas[67]–, não deixando de considerar aqueles sem nomes registrados, como precursores de um tipo de ativismo/militância que reclama o direito de existir em praça pública. É certo que a militância escolhe seus marcos políticos considerando a repercussão no coletivo, mas o existir difícil em contexto hostil e a socialização entre pederastas no Largo do Rocio e em outros espaços do Rio de Janeiro mostram que havia "movimentação" pela vida – objetivo de todos, independente do tempo e da geografia.

A história de *Babá*, de vulnerabilidades somadas, foi/é recorrente na vida LGBTQI+ daqueles tempos e, ainda, por mais que possa estarrecer, nos dias atuais. O afeminado e a trans permanecem "identidades" marcadas por exclusões. Não que as demais não tenham problemáticas diversas associadas às vivências afetivo-sexuais – mais instabilizadas em tempos sombrios, em que retóricas de binaridade homem-mulher como padrão único

---

67. Muitos foram elencados em uma nota jocosa em 22/12/1882, p. 4.

aceitável retornam com força –, mas a afeminofobia e a transfobia carecem de atenção.

Ao gaúcho Pardal Mallet, faço mesura pelo registro da minibiografia de *Babá*, que volta à baila com essa publicação. Torço por outras pesquisas em seus textos espalhados em diversos jornais, assim como em outros escritores naturalistas gaúchos.[68] Quanto a *Babá*, com o intento de que este se junte a Madame Satã, à gaúcha Nega Lu, ao gaúcho Djalma do Alegrete – bichas pretas ousadas que desafiaram seu tempo, lidando a seu modo com as agruras de vidas que não lhes deram trégua –, findo este volume. Espero que seja possível localizar mais sobre o personagem, talvez em arquivos policiais, em registros de óbito – de onde melhor identificação possa ser obtida.

Exê *Babá*! Até o próximo.

---

68. O crítico literário Guilhermino César escreveu que a escritora gaúcha Maria Benedita Câmara Bormann (1853-1895), que ele incluiu entre os escritores naturalistas, foi "dada a assuntos meio crespos em que se gastou", incluindo o título de seu livro *Lésbia* (1890). Muitos acreditaram – talvez ele mesmo tenha se equivocado – ser um romance sobre lésbicas. Todavia, quando o livro foi localizado, foi constatado que o nome foi dado em referência à Lésbia dos poemas de Catulo. De qualquer maneira, há muito a vascuhar ainda. CÉSAR, Guilhermino. *História da literatura do Rio Grande do Sul (1737-1902)*. Porto Alegre: IEL/CORAG, 2006, p. 353.

Texto em *O Meio* na íntegra

BABÁ [69]

Morreu o *Babá*. Calaram-se todos, ninguém teve coragem de escrever duas linhas sentidas sobre o falecimento do efebo cor de azeitona. Entretanto, se ele tivesse nascido no tempo em que o céu era um domínio dos deuses e pelos mares corriam as frotas dos tritões e das náiades, *Babá* teria, em vez da cova rasa um templo, à sombra de carvalhos sagrados e hierodulos para velarem pela chama da trípode que o alumiasse.

A antiguidade voluptuosa, a média idade romântica coroavam Thaís e Azenor, ambas concubinas, com a mesma lascívia com que desenrolavam os bucres[70] dos efebos e dos *mignons* que, ao fim dos banquetes, extinto o som da lira e do ataúde, corriam os reposteiros, descalçavam os coturnos ou os escarpins, safavam as túnicas ou as saias de veludo e ouro e entregavam-se moles aos braços que se abriam na penumbra para recebê-los. A lira de sete cordas de Homero glorificou os amores impuros de Júpiter, o devasso, – mostrando-o um touro possante, vencendo o mar, a nado, com Europa, a rap-

---

69. MALLET, Pardal; NETO, Coelho; NEY, Paula. *O Meio*: social, político, literário e artístico. Ano 1, Número 13 (2ª série), Rio de Janeiro, 14/11/1889, p. 103-108.

70. Mesmo que bucle, anel de cabelos.

tada, na anca; mostrando-o a desfazer-se em chuva de ouro fecundando Danae; mostrando-o coberto de uma plumagem branca de cisne, abrindo e fechando as asas acariciando as pomas nuas de Leda e em várias e outras múltiplas transformações com o fim de conquistar mulher e por último o rapto do obsceno Ganimedes, o formoso, que tomou a hídria[71] de ouro a Hebe para encher os cântaros e os ritões[72] olímpicos até que o pai dos deuses, cambaleando, o chamasse, com um gesto, para a câmara de Juno.[73] Apolônio, Luciano, Marcial e outros não se vexaram de tratar desse assunto. Aquiles, diante de Ílion[74], na sua tenda de bisso e púrpura, enquanto os deuses espiavam do Olimpo o encontro das armas gregas e troianas, consolava-se da morte de Briseis bebendo vinho de Samos pela boca de Pátroclo.

Na antologia há versos de Alceu, o poeta meigo, sobre o negror dos cabelos e o brilho dos olhos do menino Licos. Anacreonte cantou em versos adoráveis a formo-

---

71. Vaso de ouro utilizado para guardar água.

72. Ritão era um tipo de vasilhame no qual as pessoas bebiam água.

73. Embora alguns estudiosos argumentem que Homero não relatou qualquer atração homoerótica entre Zeus (Júpiter) e Ganimedes, sugerindo que o rapto do belo jovem tinha como fito apenas que ele servisse como copeiro aos deuses, os autores seguintes a Homero passaram a reproduzir o mito com a presença do desejo amoroso/lascivo, que se perpetuou a ponto do nome Ganimedes ter se tornado sinônimo de homossexual em alguns momentos da história.

74. Troia.

sura de Bátilo. Alcibíades, o guerreiro, besuntado de pastas epilatórias, dava entrevistas, esticado num triclínio[75] de marfim, ensombrado pelos loureiros, escondendo nas dobras da clâmide[76] um machacaz[77] possante da Beócia, e a Acrópole saudou extática Sófocles, o pubescente que improvisava na Ágora, esplendidamente belo, coroado de mirto e de rosas sem nada sobre o corpo, ostentando com orgulho, aos olhos da gente artista, a sua corretíssima, a sua divina plástica. Antínoo[78] foi aclamado, Bátilo[79] teve uma estátua, Pátroclo excitou o ódio do rei de Larissa e Heitor pagou de rastros o crime de sua morte, finalmente, a Ganimedes a Helênia clássica e impudica ergueu altares, e sacerdotes votaram-se a sacrificar ao infante.

Entre os israelitas Salomão guardava no seu palácio do bosque do Líbano, os kalebins de Canaã, no gineceu em que viviam suas mulheres. Enquanto Jesus pregava junto ao lago de Genesaré, moços sírios, perfumados como a Madalena, diziam indecências e puxavam pelos albornozes[80] dos nazarenos mostrando-lhes os limoeiros

---

75. Espécie de sala de jantar com (três) leitos ao redor da mesa.
76. Tipo de manto.
77. Um homem másculo, corpulento.
78. Favorito de Adriano (76-138), imperador de Roma.
79. Bátilo foi um jovem por quem Polícrates, governante de Samos, se enamorou. Também se encantou pelo efebo o poeta Anacreonte, que o descreve em seus versos. A estátua foi erigida por Polícrates.
80. Tipo de manto de lã com capuz.

à cuja sombra ficavam os leitos de amor aromados à mirra. Em Roma, nas festas de Luperco[81], apareciam entre as bacantes adolescentes mimosos, e ao fim da orgia religiosa, imitando as mulheres, deixavam-se cair nas lajes, pedindo beijos, com os lábios trêmulos; Nero, de volta do incêndio de Roma, visitou Suburra em companhia de um fâmulo[82] que era o seu privado, o seu misterioso amigo, e César depois da derrota do chefe dos Cem Vales entrou para a tenda seguido do seu *uxor*[83], um robusto legionário romano.

Havia, entre os mercenários de Amílcar, namorados do mesmo sexo, amores firmes entre combatentes que, no furor da pugna, ao estrondar das catapultas e dos aríetes, despedindo dardos, fazendo zunir a funda, voltavam-se de quando em vez meigos, num acesso lânguido de paixão e colavam as bocas trocando um beijo longo. Os mignons dos reis de França, os de Henrique III, por exemplo, e os pajens do Vaticano não evitavam o sol senão porque temiam que a luz lhes queimasse a pele, amaciada para as carícias, a leite e a essências. É bem conhecida a petição dirigida pelos maridos de Nápoles ao amante de Vanozza.

---

81. Antigo deus associado à fertilidade e ao cuidado dos rebanhos. Sua figura é a de um fauno, muitas vezes vinculado com o deus Pan.

82. Criado.

83. Um rapaz que é chamado de sua esposa.

O feminismo[84] pode ter diversas causas – cotando-as: a fraqueza do espírito, a idiossincrasia de um temperamento lasso, o relaxamento de uma força nervosa, ou o vício de uma educação acanhada fazendo propender para a molície[85], para a contemplação e daí para a volúpia fraca. O efeminado é um tipo de exceção, no geral de uma vontade inerte, incapaz de reagir, operando por influência de outrem, o que, finalmente, um poeta psicólogo chamara – alma morta. Lascivos, satiramente lascivos, entretanto nem se lembram de fazer como o hamadrias[86] florestal que provoca o gozo egoisticamente, isolado no cenóbio de uma gruta onde a fêmea não entra; raro é aquele que se deixa vencer pelo magnetismo atraente de um olhar feminino, nenhum tem o amor-sonho, a posse

---

84. Aqui a palavra não tem seu sentido moderno, mas a acepção de feminização de um indivíduo considerado por natureza – em razão da genitália – como homem. O médico higienista Pires de Almeida irá definir o feminismo como anomalia em 1902. Ele afirmava haver "desvios da natureza, em que se baralham atributos de um sexo com os de outro. Daí esses homens de cadeiras largas, membros roliços, formas arredondadas [...] é o feminismo [...]." ALMEIDA, Pires de. A libertinagem no Rio de Janeiro perante a história, os costumes e a moral. *O Brazil-Medico*: Revista Semanal de Medicina e Cirurgia. Rio de Janeiro, 22/10/1902, p. 401.

85. Moleza, languidez considerada atributo feminino. Também foi sinônimo de várias práticas sexuais vistas como contra a natureza: masturbação, felação, entre outras.

86. Referência a um babuíno que teria por hábito a masturbação.

visionária do ideal, essa consolação ilusória da alma excitada que evoca o bem amado e entrega-o à matéria no momento em que não há absolutamente a noção do real – durante o sono.[87]

O efeminado precisa de domínio porque sente-se sem forças próprias. Entrega-se ao mais forte passivamente, fazendo-se humilde, submisso, langoroso, como uma escrava de serralho que procura conquistar a simpatia pela sedução da meiguice delicada. Há casos excepcionais de tamanha aberração entre os andróginos, se assim posso exprimir-me, do vício inveterado criar afetos delicadíssimos – nascem no coração desses neuróticos verdadeiras paixões, fortes como a de Hero, abnegadas como a de Mirra, que os levam a todos os sacrifícios. Se o amor sublima, se a chama d'alma purifica, esses *epicuri de grege porcos*[88], conforme a opinião do geral são sublimes amorosos ou depravados sublimes. São casos raros que os nossos homens de ciência deviam tomar como teses, à imitação do que se faz pela sábia Europa – entram pelo domínio da psicologia se os considerarmos um aviltamento da vontade, mas pela molície, essa langui-

---

87. Embora discorram sobre o que parece ser certa tolerância a um amor homoerótico se for casto, assexuado, também é possível pensar que, nas noites, o sonho pode resultar em polução noturna ou, se for um "sonho acordado", em masturbação.

88. *Epicuri de grege porcus* significa, literalmente, "um porco do rebanho de Epicuro". Trata-se de uma interpretação que condena a inclinação do filósofo Epicuro aos prazeres da vida.

dez mórbida, parece mais pertencerem aos problemas da patologia.

Não traria esta discussão para *O Meio* se não a provocasse um fato a que aludi no começo. Suicidou-se há dias, ingerindo uma grande porção de Verde-paris[89], um crioulo, de vinte a vinte e cinco anos, conhecido pela alcunha de *Babá* que, procurando sempre o contato da devassidão viveu, até o último dia, empregado em casas de cocotes, exercendo a seu turno, quando o serviço não o reclamava, função idêntica a das suas amas. Fiel e honesto, ativo, discreto e inteligente, o *Babá* era disputado por todo o *demi-monde*[90]. Era um perfeito eunuco de lupanar – tramava ardis com a esperteza de uma mulher, ninguém como ele para uma alcovitice. Sempre limpo, perfumado sempre, atravessava as ruas meneando os quadris magros, virando e revirando os olhos, sempre de meias de cor, arrastando chinelinhas de bico, das que usam, a meio pé, as baianas. À noite saía à cata de libidinosos, ficava de espreita, *guettait l'amour*[91] e deixava-se levar pelo primeiro libertino que lhe dirigia a palavra.

---

89. *Verde-paris* era um potente inseticida. Criado no início dos anos 1800, o aumento paulatino do seu uso fez com que fosse restrito por legislação específica pelos Estados Unidos em 1900.

90. Depreende-se que *Babá* era procurado por homens que pagavam bem por seus serviços, posto que *demi-mondaine* era expressão utilizada para discorrer sobre as "(semi)mundanas" parisienses, sustentadas por homens ricos.

91. Literalmente, "perdendo o amor".

Apaixonou-se ardentemente por um ator. Escreveu-lhe bilhetes, deu-lhe entrevistas; se o via passar tomava atitudes, e à noite, quando ele representava, sentia-se feliz se o aplaudiam, entristecia se o deixavam sem palmas e, escondendo-se entre a multidão, com o vexame de uma noiva, atirava uma rosa ao palco e fugia depois consolado, satisfeito – ia para mais longe vê-lo, ouvi-lo, contemplá-lo silencioso e triste.

O ator, porém, indiferente ao afeto estranho, não fez caso do mísero amoroso. Sentindo-se desprezado, mordido pelo ciúme, *Babá* fechou-se no seu quarto e bebeu de um trago o veneno, num brinde final ao seu amor e talvez, quem sabe! pensando em escapar à morte e vencer, pelo sacrifício, conquistar pelo sofrimento ou pela piedade o coração do indiferente. Mas o tóxico venceu-o e o triste sucumbiu num catre de hospital com a alma amargurada, balbuciando talvez, como oração derradeira, o nome do querido.

A sociedade repudia os seus grandes enfermos. A carne podre e dessorante dos morféticos repugna, mas todos têm piedade do disforme. A osteomalácia, o cancro, a elefantíase, a lepra, a cegueira, a pústula, todas as deformações físicas pedem esmolas, imploram, fazem jus à caridade e têm n'a – os grandes enfermos, os d'alma estragada, os aleijados do espírito, os de sentimentos podres, para os quais só há um bálsamo: o perdão, a sociedade repele. Esse depravado negro que amou, que morreu de amor – foi um criminoso? Foi um perverso? Foi um abjeto? Não – foi um enfermo, um caso de impaludismo social. Foi a própria sociedade que o estragou, ela, a mesma que na hora final, enquanto ele se rebolia, não luxuriosamente, mas agonizante, pôs-se a rir diante do escuro palhaço do amor, diante do arlequim do vício, que acabou por identificar-se de tal modo com o seu papel de bobo de bacanal que matou em si o homem, e nunca mais, nunca mais pôde viver sem contorcer-se devassamente, imitando n'alma e no corpo todas as meretrizes com quem vivera, a começar pela que o apanhara, uma noite, atraída pelos seus vagidos num frio degrau de pedra, onde o deixara, talvez com o dote de um beijo e duas lágrimas a mãe negra, a mãe escrava, a miserável, a dolorosa mãe cativa.

O AUTOR

Jandiro Adriano Koch (Jan)

Nasceu em Estrela, interior do Rio Grande do Sul. É graduado em História pela Univates (2018) e especialista em Gênero e Sexualidade (2019). Tem quatro livros lançados, todos analisando vivências LGBTQI+ em região interiorana, no Vale do Taquari (RS). Trabalhou como servidor público concursado na Prefeitura Municipal de Estrela; na Procuradoria-Geral do Estado do Rio Grande do Sul e no Instituto Nacional do Seguro Social, em Lajeado (RS).

BABÁ

Esse depravado negro que amou

Volume 7 da Série Poche Libretos
(Livros de Bolso)
Impresso na gráfica Pallotti de Santa Maria,
em setembro de 2019,
sobre papel Pólen 80 gr/m2,
composto em Lucida Bright.

Poche
Libretos

© 2020, Jandiro Adriano Koch

Direitos da edição reservados à Libretos.
Permitida reprodução somente se referida a fonte.

Edição e design
Clô Barcellos

Ilustração de capa
Luís Gustavo Weiler

Revisão
Célio Klein

Esta obra segue o Acordo Ortográfico da Língua Portuguesa de 1990

Dados Internacionais de Catalogação na Publicação:
Bibliotecária Daiane Schramm — CRB-10/1881

K76c	Koch, Jandiro Adriano
	  O Crush de Álvares de Azevedo. /
	Jandiro Adriano Koch. — Porto Alegre: Libretos, 2020.
	  152p.: 12x17cm — (Libretos Poche; v.11)
	  ISBN 978-65-86264-01-2
	  1. Literatura. 2. Álvares de Azevedo.
	3. Homossexualidade. 4. LGBTQ. 5. Biografia. I. Título.
	II. Série.
	                CDD 869

Libretos
Rua Peri Machado, 222 B, 707
Porto Alegre (RS)

www.libretos.com.br
libretos@libretos.com.br

O CRUSH

de Álvares de Azevedo